AF542468

COLLECTION

DES

MORALISTES ANCIENS.

COLLECTION

DES

MORALISTES ANCIENS,

DÉDIÉE AU ROI.

A PARIS,

Chez DIDOT L'AÎNÉ, Imprimeur du Clergé, en surv. rue Pavée S. A.

Et DE BURE L'AÎNÉ, Quai des Augustins.

M. DCC. LXXXII.

AU ROI.

SIRE,

En lisant Votre auguste Nom à la tête d'une Collection qu'on eût dédiée à Marc Aurele, & que VOTRE MAJESTÉ daigne accueillir, la Postérité jugera de votre amour pour la vérité, de votre zele éclairé pour la conſervation des mœurs, & regrettera de n'avoir pas été témoin des vertus dont le ſouvenir lui sera ſi cher, & qui font aujourd'hui le bonheur de vos Peuples.

Je suis avec le plus profond reſpect,

SIRE,

DE VOTRE MAJESTÉ,

le très humble, très ſoumis
& très fidele Sujet,
DIDOT L'AÎNÉ.

AVIS.

LES Libraires qui ont entrepris cette collection, empressés de mériter par des entreprises utiles l'intérêt que le Public semble prendre à tout ce qui peut contribuer aux progrès des lettres & de la vertu, vont publier incessamment

La Morale de Séneque ;

Celle de Tacite, Moraliste aussi profond que grand Historien ;

La Morale de Confucius, Philosophe Chinois ;

Les Maximes d'Isocrate ;

Les Réflexions morales de Marc Aurele Antonin ;

La Morale de Socrate, extraite de Platon & de Xénophon ses Disciples ;

Celle d'Épicure, si injustement décriée, & si peu connue ;

Les Caracteres de Théophraste ;

Les Préceptes de Phocylide & de Théognis, & les Vers dorés de Lysis attribués à Pythagore ;

Les Pensées morales de Cicéron, extraites de ses œuvres, &c. &c. &c.

Tous ces ouvrages seront imprimés dans le même format, du même caractere, & sur le même papier que le Manuel d'Epictete ; & l'on n'épargnera aucun soin pour qu'ils le soient aussi correctement.

On donnera tous les six mois la Notice des Auteurs qui auront été imprimés dans cet intervalle.

MANUEL D'ÉPICTETE,

TRADUIT

PAR M. N.

DISCOURS PRÉLIMINAIRE.

POUR connoître les vrais principes d'une ſecte religieuſe ou philoſophique, ancienne ou moderne, il ne faut pas les chercher dans les ouvrages d'un ſeul Auteur; on n'en auroit ſouvent qu'une idée d'autant plus imparfaite, que, quel que ſoit l'eſprit général & dominant de la ſecte à laquelle on s'attache, on ſe fait une philoſophie comme on ſe fait une religion, ſelon ſon tempérament, ſon caractere & ſes paſſions. Paſcal, dévot atrabilaire &

mélancolique; Fénelon, pieux, ſenſible & tendre, mais tous les deux également convaincus de la vérité de l'exiſtence de Dieu, n'en avoient certainement pas la même idée, & ne le voyoient pas sous le même aſpect; l'idée générale & abſtraite étoit néceſsairement la même, mais l'idée particuliere étoit très différente. Il en eſt de même de tous les objets : ils ont des qualités générales & communes dont tous les hommes sont affectés à-peu-près de la même maniere, & ſur l'exiſtence deſquelles ils s'accordent; mais les idées particulieres que ces objets excitent actuellement dans leur eſprit, celles qu'ils réveillent, ſouvent à une grande diſtance les unes des autres, les traces qu'ils laiſsent dans le cerveau ou la ſubſtance renfermée dans la tête, varient non ſeulement d'un individu à l'autre dans le même inſtant, mais dans le même individu conſidéré dans deux inſtants ou deux états divers, comme, par exemple, dans l'état de ſanté ou de maladie, dans la jeuneſse, dans l'âge mûr, ou dans la vieilleſse, &c. Il ne faut donc pas s'étonner du peu d'uniformité qui regne dans les principes des anciens Philoſophes, tels au moins qu'ils nous ont été tranſmis par leurs diſciples. De ces différents principes, les uns ont été adoucis, corrigés, changés, les autres exagérés & portés à l'extrême, ſelon l'organiſation forte ou foible, l'eſprit circonſpect ou hardi, de ceux qui en faiſoient la baſe de leur philoſophie.

Pour ne parler ici que de la morale de Zénon, il eſt évident, d'après ce qui précede, qu'elle n'a pas été & ne pouvoit être la même pour tous les Stoïciens ; & il eſt également vrai qu'on ne lui remarque pas le même caractere dans leurs écrits. En général, il n'eſt aucun Philoſophe, ni même aucun Théologien, qui ait conſervé dans toute ſa pureté la doctrine de ſon Maître ;

& l'on ne pourroit même l'aſsurer ni de l'un ni de l'autre, quand ils diroient les mêmes choſes & ſe ſerviroient des mêmes termes. Séneque déclare, en pluſieurs endroits de ſes ouvrages (1), qu'il cherche la vérité, ſans guide: « Je ne m'aſservis à perſonne, dit-il; je me permets d'avoir un avis : quand on « ſe reſtreint à celui d'un ſeul Au« teur, ce n'eſt plus être d'une ſecte, « mais d'une faction. Je reſpecte les « ſentiments des grands hommes, « ſans renoncer au mien ». On retrouve, il eſt vrai, dans les réfle-

(1) Voyez le Traité de la vie heureuſe, chap. 3, & la Lettre 45.

xions de Marc Antonin, les maximes fondamentales du Stoïcisme, mais tantôt restreintes, & tantôt généralisées, selon qu'il jugeoit ces différentes altérations nécessaires pour développer, éclaircir, ou rectifier même, les principes qu'il avoit pris pour regle de sa conduite.

Epictete paroît être, de tous les disciples de Zénon, celui qui s'est le moins éloigné de ses idées. C'est une erreur de croire qu'il l'ait (2)

(2) Un de ses Traducteurs a soutenu cet étrange paradoxe, mais sur des preuves plus spécieuses que solides. Voy. la note suiv.

(3) Voyez Arrien, lib. 1, cap. 9, 24, 25; & l. 4, c. 10. Séneque, *Epist.* 12, & surtout *Epist.* 70. A l'égard de Marc Aurele,

abandonné ſur l'article du ſuicide ; dogme commun à tous les Philoſophes de cette ſecte (3), & l'on peut même ajouter, à toute l'antiquité. La Théologie païenne ne l'enſeignoit pas expreſsément; mais il étoit en quelque sorte conſacré par un long uſage, plus ou moins en vigueur ſelon les temps, & que les loix (4) ne ceſserent jamais de tolérer, ſi ce n'eſt, peut-être, sous le regne de quelques Empereurs, à qui

---

nous ne citerons que ce paſsage de ſes réflexions : « Sors de la vie, ſi elle te devient « importune ; mais ſors-en ſans te plain- « dre & ſans murmurer, comme d'une « chambre qui fume. »

(4) Tout le monde sait que la loi ro-

l'avarice dicta sur cet objet des réglements particuliers, où leur intérêt eut bien plus de part que celui de la religion (5).

---

maine ne prononçoit aucune peine contre le suicide : & ce qui n'est pas moins remarquable, c'est que toutes les causes qui peuvent porter un homme à se donner la mort sont prévues & stipulées dans cette loi, dont voici le texte précis : « Si quis impatientiâ doloris, aut tædio vitæ, aut « morbo, aut furore, aut pudore, mori « maluit, non animadvertatur in eum. » Voyez le Digeste, lib. 48, tit. 21 ; & le Code, lib. 9, tit. 50, *de bonis eorum qui mortem sibi consciverunt.*

Il y a eu des nations entieres qui ont regardé le suicide comme permis. Parmi les Ambassadeurs indiens qu'Auguste reçut à Samos de la part de Pandion & de Porus, Rois des Indes, il se trouva un Philosophe

Le Manuel d'Epictete renferme l'abrégé de sa philosophie, ou plutôt de celle du Portique, dont il fut l'ornement & l'appui. Nous avons

---

de la même nation, qui, s'étant rendu avec l'Empereur à Athenes, se fit brûler sur un bûcher, pour ne point s'exposer, disoit-il, aux caprices de la fortune & à l'instabilité des choses humaines. On mit sur son tombeau cette épitaphe : « Ci gît Zarmano- « chégas, Indien de Bargosa, qui, selon « l'usage ancien de sa nation, s'est donné « la mort à lui-même ». *Apud* Strabon. Geogr. lib. 15, p. 1048. *Edit. Amst.* 1707. Confer quæ Dio, in August. l. 54, cap. 9, p. 739. *Ed. Hamb.*

(5) Lorsque ceux qui s'étoient tués eux-mêmes étoient accusés ou jugés coupables d'un crime dont la conviction emportoit la confiscation, leurs biens appartenoient au Fisc ; & dans le cas où le crime pour

aussi ses Discours moraux recueillis de même par Arrien, & qu'on peut regarder comme une espece de commentaire de son Manuel; avec cette différence qu'ici c'est l'Auteur lui-même qui développe, explique, éclaircit ses propres idées, au lieu que souvent les Interpretes n'entendent pas celles qu'ils commentent, ou ne voient qu'un côté de l'objet, lors-

---

lequel ils s'étoient ôté la vie n'assujettissoit pas à la confiscation, on les rendoit à l'héritier légitime : loi inique, arbitraire, & purement fiscale, qui mettoit, comme on le voit, tous les biens des riches entre les mains du Tyran, dont l'avarice ne manquoit jamais de prétextes pour faire accuser & déclarer coupables de crimes graves qu'il faudroit l'envisager sous toutes ses faces, & le pénétrer, pour ainsi dire, tout entier d'un coup d'œil.

Il nous reste peu de détails sur la vie d'Epictete. Le temps, & plus encore l'ignorance & la superstition, qui ont fait périr tant de monuments précieux de l'antiquité, fruits du génie & de la liberté, ont détruit celui qu'Arrien (6) avoit élevé à la gloire

---

tous ceux qu'elle avoit intérêt de perdre. Voyez le rescript d'un Empereur, cité dans le *Digeste*, lib. 48, tit. 21, *Leg.* 3, §. 1, 2 & 3. ff. *De bonis eorum qui ante sententiam mortem sibi consciverunt.*

(6) Il avoit composé une vie très détaillée d'Epictete. Voyez la Préface de Simplicius sur le Manuel.

de ſon illuſtre Maître. Ce qu'on peut conclure de pluſieurs faits épars dans les Hiſtoriens, & ce qu'au fond il nous importe le plus de ſavoir, c'eſt que, dans ce ſiecle orageux & corrompu où, pour l'obſerver en paſsant, on ne trouve guere d'honnêtes gens & de grands hommes que parmi les Stoïciens, Epictete ſe montra toujours ami de l'ordre & de la vertu : tant il eſt vrai, comme le dit Marc Antonin, que par-tout où l'on peut vivre, on peut bien vivre (7). Mais, bien différent

(7) Tacite, en parlant de la conduite d'Agricola sous le regne de Domitien, dit dans le même ſens : « Sciant quibus moris

des Prêtres du Paganiſme, dont les actions étoient ſans ceſse en contradiction avec leurs préceptes, Epictete ne ſe borna pas à perfectionner la théorie des devoirs; il fit plus, il les pratiqua, & porta dans ſes mœurs toute l'auſtérité de ſes principes ſpéculatifs. Il fut bon ami, bon citoyen, ſujet fidele, &, ce qui mérite ſur-tout d'être remarqué, il aima & garda ſa regle tout le temps de ſa vie avec la ferveur d'un novice. Perſonne n'a plus ſimplifié la morale: il en réduiſit les plus utiles leçons à cette

« illicita mirari, poſse etiam ſub malis « principibus magnos viros eſse ». *In Agricol.* cap. 42.

formule, qui eſt en effet d'un grand ſens, S'ABSTENIR & SOUFFRIR.

Pour bien juger de la force & du reſsort que donne à l'ame le mépris de la douleur & de la mort, & pour ſentir tous les avantages d'une éducation publique & nationale qui auroit pour baſe ce principe, qu'on peut regarder comme la cauſe premiere de tout ce que les Romains ont fait de bon, d'utile & de grand, il faut lire Epictete : c'eſt là qu'on voit le calme & la ſérénité dans le malheur & les traverſes de la vie, l'élévation des ſentiments dans la ſervitude & l'abaiſsement, le courage dans les ſouffrances, la patience dans la misere & dans la pauvreté, le pardon des injures, en un mot, toutes les vertus dont la pratique exige le plus de sacrifices, portées à un degré de perfection qui étonne, mais qui prouve en même temps que la Nature avoit fait Epictete stoïcien, comme elle avoit fait Diogene cynique. Le Stoïcisme étoit, pour ainsi dire, en lui une vertu de tempérament; & l'on pourroit assurer que cette doctrine si dure, si sévere, où Zénon paroît n'avoir été conduit que par la raison, Epictete l'eût trouvée par sentiment : elle résultoit nécessairement de sa constitution physique. En effet, l'étude, la méditation, l'opinion, la coutume, l'amour de la gloire, l'eſpoir de vivre dans la mémoire des hommes, la ſeule choſe, dit un Ancien, qui puiſse conſoler de la briéveté de la vie, le deſir aſsez général de faire honneur de ſa vertu & de ſes ſacrifices à la doctrine qu'on profeſse, pour la rendre plus impoſante aux yeux du peuple; ces différentes cauſes purement morales, réunies, ne sont pas aſsez puiſsantes pour donner à l'homme cette réſignation à tous les événements (8), & cette

(8) Voyez un beau diſcours d'Epictete ſur l'état où il ſouhaitoit que la mort le ſurprît. *Apud* Arrian. l. 3, c. 5.

impaſſibilité ſtoïque dont Epictete offrit conſtamment le modele. L'expérience prouve que ces cauſes modifient plus ou moins l'homme; mais elles ne changent pas ſa nature, & n'en font pas, ſelon l'expreſſion même de Séneque, un être de bronze (9).

Lorſqu'un Philoſophe, appellé au tribunal des loix pour quelques écrits inconſidérés, ne croit pas devoir refuſer à la vérité un aveu & un ſacrifice que cent fanatiques ont faits au menſonge, & ſe détermine à

(9) Je ne connois qu'une ſeule cauſe qui transforme abſolument l'homme, qui donne à l'individu le plus foiblement conſti-

ſceller ſa doctrine de ſon ſang, dans l'eſpérance de donner, par cet acte de fermeté, une ſanction plus forte à ſes diſcours & à ſes opinions; on

---

tué une force phyſique extraordinaire, lui fait ſupporter tranquillement les douleurs les plus vives, braver les dangers les plus preſſants, & attendre la mort avec intrépidité; c'eſt le fanatiſme. Peut-être même, à ces divers égards, cette cauſe eſt-elle encore plus active, plus énergique, que l'organiſation, à laquelle elle ſupplée, comme le délire & la frénéſie dans les maladies aiguës. Le fanatiſme eſt le même dans celui qui ſouffre, & dans celui qui fait ſouffrir ſans éprouver la moindre émotion, le plus léger mouvement de pitié; & il produit en eux les mêmes effets. Il ôte à celui-là le ſentiment de ſes propres maux, & il rend celui-ci abſolument inſenſible aux maux des autres: c'eſt la même diſpoſition appliquée ne peut nier que cette conduite, qui peut d'ailleurs paroître plus ou moins sage, plus ou moins conforme au but qu'il se propose, ne

---

à des cas différents. Déplacez ces deux individus, & vous aurez toujours le même résultat. Mais il faut observer que le fanatisme, en général, est une cause accidentelle & momentanée : c'est une maladie du cerveau, qui a ses accès, son paroxysme, son déclin & sa résolution. Il passe comme une épidémie ; & sa durée, comme ses effets, varie selon le progrès des lumieres & l'esprit général & dominant du siecle. Quelquefois aussi il se trouve joint au tempérament le plus ardent, le plus sombre, le plus mélancolique, à l'organisation la plus forte ; & alors il cause les plus grands maux, & ne s'éteint qu'avec la vie. Dans tous les cas il rend l'homme atroce ou insensé. Mais nous ne considérons ici que montre de l'énergie & du caractere. Mais il ne faut pas comparer une ſeule action à la teneur entiere de la vie, ni tirer d'un phénomene particulier des conséquences générales. Quelque pénible que ſoit alors le ſacrifice, quelque effort qu'il ſuppoſe, c'eſt l'affaire d'un moment : & s'il en faut croire un bon juge dans cette matiere, « C'eſt une

---

les effets conſtants des cauſes phyſiques, qui sont les ſeules cauſes réellement & nécesſairement telles, parcequ'elles agiſsent ſans cesse, & que leur action peut être encore accélérée, multipliée même, par le concours & la réunion de toutes les cauſes morales. Voyez le texte, à la suite du paſsage qui fait le ſujet de cette note.

« chose commune que de courir « à la mort par impétuosité d'es- « prit ; mais il n'y a qu'une grande « ame qui, ayant délibéré s'il faut « vivre ou s'il faut mourir, pese « exactement les motifs de part & « d'autre, & se détermine par le « poids de la raison, ou à mourir, « ou à vivre (10) ». Observons encore à l'égard du Philosophe

(10) Id ego arduum imprimis, & præcipuâ laude dignum puto. Nam impetu quodam & instinctu procurrere ad mortem, commune cum multis : deliberare verò & caussas ejus expendere, utque suaserit ratio, vitæ mortisque consilium suscipere vel ponere, ingentis est animi. *Plinius*, l. 1, Epist. 22.

qui préfere la mort au désaveu public de ses sentiments, que si sa vie devoit être, comme celle du Stoïcien, une longue épreuve de patience & de courage, &, pour ainsi dire, la lutte continuelle d'un seul homme contre la Nature; si son supplice devoit seulement durer plusieurs jours, il ne balanceroit pas à se rétracter, & à faire céder l'intérêt de la vérité, au progrès de laquelle il n'est pas d'ailleurs indifférent qu'il vive ou qu'il meure (11), à une loi plus forte, plus impérieuse, & la premiere de toutes,

---

(11) Si industria ac vigor adsint, eo laudis excedere, quo plerique per abrupta,

celle de ſa conſervation. Sans doute, l'éducation, la raiſon perfectionnée par l'expérience & la réflexion, peuvent seconder, fortifier, corriger, ou changer même juſqu'à un certain point, les diſpoſitions naturelles : mais ſi la machine eſt débile, ou mal conſtituée ; ſi le genre nerveux eſt trop ſenſible, trop irritable ; ſi le jeune éleve n'a point de paſſions ; en un mot, ſi l'organiſation contrarie ſans ceſse les ſages leçons de l'inſtituteur, & s'oppoſe conſtamment à leur effet ; comme, ſelon la loi éternelle & invariable éta-

ſed in nullum reipublicæ uſum, ambitiosâ morte inclaruerunt. *Tacit.* vita Agr. c. 42.

blie dans l'univers, c'eſt toujours le phyſique qui mene le moral, elles n'auront ſur l'homme qu'une influence foible & paſsagere, & la Nature reſtera la plus forte. C'eſt peut-être ce qui faiſoit dire au ſavant Bordeux : « Heureux ceux « qui ont leur philoſophie dans le « ſang »! Il eſt au moins certain que c'eſt la meilleure & la plus sûre ; & ce fut particulièrement celle d'Epictete. Tandis que Séneque, Marc Aurele, & la plupart de ceux qui avoient embraſsé la ſecte de Zénon, devenus Stoïciens par inſtitution, faiſoient d'inutiles efforts pour être conſéquents à leurs principes, & se déseſpéroient de rester hommes (12), Epictete, armé pour ainſi dire par la Nature contre toutes les peines de la vie, trouvoit dans l'extrême force de ſes organes de quoi ſupporter patiemment l'état de baſseſse où il étoit réduit, les mépris & les outrages d'un maître inſensé, & enfin les maux les plus cruels & les plus longs.

Parmi pluſieurs faits intéreſsants de la vie de ces Philoſophes, il en

(12) Je vous exhorte à la fermeté, dit Séneque à Lucilius, moi qui ai pleuré à l'excès mon cher Sérénus; moi qu'on peut compter, & j'en rougis, parmi ceux que la douleur a vaincus. Epiſt. 63.

eſt un ſur-tout qui, en confirmant ces réflexions, rend très ſenſible le réſultat de ces différentes diſpoſitions organiques.

Epaphrodite, homme brutal, & féroce juſques dans ſes jeux, ſe faiſoit un plaiſir barbare de tourmenter Epictete, & s'amuſoit à lui tordre la jambe. Celui-ci lui dit en ſouriant, & ſans s'émouvoir : « Si « vous continuez, vous me caſſe- « rez la jambe » : ce qui arriva en effet. Alors Epictete reprit froidement, & avec un viſage auſſi tranquille : « Je vous avois bien dit que « vous me caſſeriez la jambe. »

Marc Aurele perd ſon Gouverneur : pénétré de regret, il oublie ſa conſtance ordinaire, & des pleurs coulent de ſes yeux. Les courtiſans, toujours prêts à jetter du ridicule ſur les vertus qu'ils n'ont pas, & plus vains d'une bonne plaiſanterie, que les ames honnêtes ne le sont d'une bonne action, railloient ce jeune Prince en préſence de l'Empereur, qui leur en fit le reproche par un mot plein de ſens, où brillent également la bonté de ſon cœur & la juſteſſe de ſon eſprit : « Permettez-« lui d'être homme, leur dit-il ; la « Philoſophie ni l'Empire n'ôtent « point les paſſions (13). »

(13) Permittite illi (inquit) ut homo ſit :

On peut joindre à cet exemple celui de Possidonius. Pompée, à son retour de Syrie, vient exprès à Rhodes pour entendre ce Philosophe; mais il n'ose l'espérer d'un homme tourmenté de douleurs aiguës. « L'état de souffrance où vous me trouvez, lui répond Possidonius (14), « ne m'empêchera point de remplir « votre attente; & il ne sera pas dit « que Pompée soit venu inutilement

neque enim vel philosophia vel imperium tollit affectus. *Jul. Capitol.* in Antonino pio, cap. 10.

(14) At ille, tu verò, inquit, potes: nec committam ut dolor corporis efficiat ut frustra tantus vir ad me venerit. Itaque narrabat (Pompeius) eum graviter & co-

« honorer ma retraite de sa présen-« ce ». Aussi-tôt il lui prouve, par un discours aussi grave qu'éloquent, qu'il n'y a de bon que ce qui est honnête. Mais, la violence du mal le forçant de s'interrompre, il s'écrie : Tu as beau faire, douleur, quelque importune que tu sois, je n'avouerai jamais que tu sois un mal !

« Ce conte qu'ils font tant va-

---

piosè, de hoc ipso, Nihil esse bonum nisi quod esset honestum, cubantem disputasse ; cumque quasi faces ei doloris admoverentur, sæpè dixisse : Nihil agis, dolor ; quamvis sis molestus, nunquam te esse confitebor malum. *Apud* Ciceron. *Tusc. Disput.* lib. 2, cap. 24.

« loir, dit Montagne, que porte-il
« pour le mespris de la douleur ? Il
« ne debat que du mot ; & cepen-
« dant si ces pointures ne l'esmeu-
« vent, pourquoi en rompt-il son
« propos ? pourquoi pense-il faire
« beaucoup de ne l'appeller pas Mal ?
« Il sent mesmes passions que mon
« laquays ; mais il se brave sur ce
« qu'il contient au moins sa langue
« sous les loix de sa secte. »

Cette réflexion de Montagne n'est pas sans justesse ; mais il n'en est pas moins vrai que Possidonius étoit Stoïcien autant qu'on peut l'être par étude, par réflexion & lorsque la préférence que l'on donne à cette ſecte eſt plutôt une affaire de choix que de vocation, & de raiſonnement que d'organiſation. On sait du Stoïciſme tout ce qu'on en peut apprendre & pratiquer; & ce n'eſt pas peu de choſe. Poſſidonius étoit un ſage d'un courage & d'une fermeté d'ame extraordinaires; mais ce n'étoit pas un Stoïcien. Le vrai Stoïcien eſt néceſsairement un phénomene très rare : c'eſt un être à part. Epictete lui-même ne ſe croyoit pas digne de ce nom. « Je vois bien (15), diſoit-il, « des hommes qui débitent les ma-

(15) Apud Arrian. l. 2, cap. 19, p. 288, 289. Edit. Upton. Londin. 1741.

« ximes des Stoïciens, mais je ne
« vois point de Stoïcien. Montre-
« moi donc un Stoïcien : je n'en de-
« mande qu'un. Un Stoïcien, c'est-
« à-dire un homme qui, dans la ma-
« ladie, se trouve heureux ; qui,
« dans le danger, se trouve heureux ;
« qui, mourant, se trouve heureux ;
« qui, dans l'exil, se trouve heu-
« reux ; qui, méprisé & calomnié, se
« trouve heureux. Si tu ne peux me
« montrer ce Stoïcien parfait & a-
« chevé, montre-m'en un commen-
« cé : n'envie point à un vieillard
« comme moi ce grand spectacle
« dont j'avoue que je n'ai encore
« pu jouir. »

Après avoir ainſi défini le vrai Stoïcien, Epictete fait une belle application de ces préceptes généraux à des cas particuliers ; ce qui eſt le ſeul moyen de rendre la morale utile : car les généralités, en morale, sont aux yeux du Philoſophe ce que les ſpéculations ſublimes de l'algebre & de la géométrie sont pour le peuple, qui les regarde comme des recherches de pure curioſité, juſqu'à ce que quelqu'un applique enfin à l'uſage commun les vérités que le calcul & l'obſervation ont découvertes. « En toutes choſes, dit Epictete, il faut faire ce « qui dépend de soi, & reſter en-

« ſuite ferme & tranquille. Je suis « obligé de m'embarquer : que dois-« je faire ? Bien choiſir le vaiſseau, « le pilote, les matelots, la ſaiſon, « le jour, le vent ; voilà tout ce qui « dépend de moi. Dès que je suis « en pleine mer, il ſurvient une « tempête : ce n'eſt plus là mon af-« faire, c'eſt l'affaire du pilote. Le « vaiſseau coule à fond : que dois-« je faire ? Je fais ce qui dépend de « moi ; je ne crie point, je ne me « tourmente point, je ne m'en « prends point à Dieu. Je sais que « tout ce qui eſt né doit mourir ; c'eſt « la loi générale : il faut donc que « je meure. Je ne suis pas l'éterni-

« té, je suis un homme, une partie « du tout, comme une heure eſt une « partie du jour. Une heure vient, « & elle paſse; je viens, & je paſse « auſſi. La maniere de paſser eſt in- « différente : que ce ſoit par le fer, « par la fievre, ou par l'eau, tout « eſt égal (16). »

Quel contraſte frappant ces maximes ſi propres, pour parler comme Montagne, à *groſſir le cœur* de courage, d'indépendance & d'intrépidité, font avec la morale incertaine, ſubtile, & contentieuſe, de Platon & d'Ariſtote! Combien celle

(16) Apud Arrian. lib. 2, c. 5, p. 188.

des Stoïciens lui eſt ſupérieure, ſoit par la vigueur & la fermeté de ſes principes, ſoit par les grandes & inſtructives leçons qu'on en peut tirer dans les différentes conditions de la vie! Que n'obtiendroit-on pas des hommes, même dans les pays où les inſultes faites de ſang froid à la nature humaine sont le plus fréquentes, ſi, au lieu de l'éducation puſillanime & contradictoire qu'ils reçoivent dans nos climats, & qui aſsure à leurs enfants une partie de leur foibleſse, de leurs vices & de leur miſere, on s'occupoit de bonne heure à fortifier leur corps par l'exercice & le travail; à rectifier leur jugement par l'étude des ſciences exactes ; à les accoutumer, par de bons exemples, au ſpectacle utile & conſolant des choſes honnêtes (car ce sont les bonnes habitudes qui font les bonnes mœurs) ; à leur inſpirer le mépris des grandeurs, de la fortune, & ſur-tout de la vie, ſans lequel ils auront toujours l'eſprit étroit & l'ame commune ; enfin, à exciter en eux l'enthouſiaſme de la vertu, par les préceptes mâles & auſteres de cette ſecte ſi féconde en grands hommes, & que l'Auteur des Eſsais appelle, avec raiſon, « la « premiere eſchole philoſophique « & ſurintendante des autres » ! Celui qui a dit que « le Stoïcisme n'est « autre chose qu'un Traité de la « liberté prise dans toute son éten- « due », en a donné (17) en peu de mots une idée générale très exacte. « Si cette doctrine, ajoute-t il, qui a « tant de points communs avec les « cultes religieux, s'étoit propagée « comme les autres superstitions, il « y a long-temps qu'il n'y auroit « plus ni esclaves ni tyrans sur la « terre. »

Ce n'est ni la logique, ni la physique, ni la métaphysique des Stoïciens, qu'il faut regretter : ils n'ont que balbutié sur ces sciences, dont

(17) Vie de Séneque, page 425.

les vrais principes n'ont été connus que des Modernes. On peut même dire que les ſubtilités de leur dialectique, quoique peut-être propres à les diſtinguer des autres Philoſophes par leurs expreſſions, comme ils en différoient par leur doctrine, ne sont ni moins puériles ni moins ridicules que celles de Scot, &c. ſi juſtement mépriſées aujourd'hui, mais qui ont dû néceſſairement, comme toutes les erreurs graves & importantes dans les ſciences, épargner bien des écarts à ceux qui sont venus après eux (18), & préparer la décou-

(18) Voyez ce qu'on a dit à ce ſujet dans l'Avertiſsement ſur les Queſtions Naturelles

verte des regles fondamentales de la logique, à-peu-près comme les diſsonances dans la muſique préparent l'harmonie la plus parfaite & le repos le plus doux pour une oreille ſenſible & exercée.

Si la philoſophie ſpéculative & purement rationnelle des Stoïciens laiſsoit un champ très vaſte aux recherches & aux travaux des Modernes, il n'en eſt pas de même de leur morale & des principes généraux d'où ils ont déduit les devoirs réciproques des hommes. Il paroît que cette ſcience des rapports

---

de Séneque, au tome 6 de ſes Œuvres trad. par M. la Grange, pag. 11 & 12.

conſtamment établis entre des êtres qui ont la même nature & les mêmes beſoins phyſiques, étoit celle qu'ils avoient le plus cultivée, & qu'ils regardoient, conformément aux idées de Socrate, comme la plus utile & la plus importante : elle formoit le caractere diſtinctif & particulier de leur ſecte. Un Auteur moderne, très pieux ſans doute, dont les intentions sont droites, & les vues louables, mais dont le zele nous a paru, en général, plus édifiant qu'éclairé, a parlé des Stoïciens & de leurs principes philoſophiques ſans les avoir bien connus, & n'a donné des uns & des autres qu'une idée vague, incomplete & ſouvent fauſse (19), comme il seroit facile de le prouver ſi c'en étoit ici le lieu. Obſervons ſeulement, en faveur de ceux à qui l'autorité de cet Auteur pourroit en impoſer, que tous les endroits de ſon ouvrage où il eſt particuliérement queſtion des Philoſophes anciens, doivent être lus avec précaution, ſoit pour la maniere peu exacte & inſuffiſante dont leurs opinions y sont exposées, ſoit pour le jugement qu'on en porte. En effet,

---

O utinam arguerem ſic, ut non vincere poſſem!
Me miſerum! quare tam bona cauſa mea eſt?

OVID. Amor. l. 2, el. 5, v. 7.

quelle connoiſsance préciſe peut-on prendre, dans ce livre, de la doctrine de Zénon, de Séneque, d'Epictete & de Marc Antonin ? Pourquoi ne pas préſenter au lecteur, d'après leurs écrits ſcrupuleuſement analysés & jugés ſans partialité, un abrégé fidele de la morale des Stoïciens ? Et comment, avec une ame douce & ſenſible, parle-t-on auſſi froidement d'une ſecte qui a donné le précepte & l'exemple de toutes les vertus ſociales; qui regardoit l'univers comme un royaume dont Dieu eſt le Prince, & comme un tout à l'utilité duquel chaque partie doit concourir & rapporter ſes actions, ſans préférer jamais ſon avantage particulier à l'intérêt commun (20); qui enſeignoit que chacun doit aimer ſon ſemblable, veiller ſur ſes beſoins, les prévoir même, s'intéreſser à tout ce qui le regarde; le ſupporter; ne lui faire aucun tort, & croire que l'injure, l'injuſtice, eſt une eſpece d'impiété; exercer envers lui la bienfaiſance;

---

(20) Mundum autem (Stoïci) cenſent regi numine deorum, eumque eſse quaſi communem urbem & civitatem hominum & deorum; & unumquemque noſtrûm ejus mundi eſse partem; ex quo illud naturâ conſequi, ut communem utilitatem noſtræ anteponamus. *Cato* apud Ciceron. *de Finib. bon. & mal.* l. 3, c. 19.

être fortement persuadé qu'on n'est pas né seulement pour soi (21), mais pour l'avantage de la société, & pour faire du bien à tous les hommes selon ses forces & ses facultés; se contenter d'avoir fait une bonne action, & du témoignage de sa conscience; s'oublier même, en quelque maniere, au lieu de chercher des témoins, ou de se propo-

(21) Hi mores, hæc duri immota Catonis
Secta fuit: servare modum, finemque tenere,
Naturamque sequi, patriæque impendere vitam.
Nec sibi, sed toti genitum se credere mundo.

Pharsal. l. 2, v. 380, *& seq.*

Lucain a rassemblé dans ces quatre vers les traits les plus caractéristiques du Stoïcisme.

ſer quelque récompenſe, ou d'agir en vue de ſon intérêt particulier ; paſser d'une bonne action à une autre bonne action ; & ne ſe laſser jamais de faire du bien, mais, pendant tout le cours de ſa vie, accumuler bonne action ſur bonne action, ſans laiſser entre elles le moindre intervalle, ni le moindre vuide, comme ſi c'étoit là l'unique avantage d'exiſter ; ſe croire ſuffiſamment payé par cela ſeul qu'on a eu occaſion de rendre ſervice à autrui ; en témoigner ſa reconnoiſsance à ceux qui nous l'ont offerte, comme une choſe qui nous eſt utile à nous-mêmes ; ne chercher par conſéquent hors de soi ni le profit ni la louange des hommes ; n'estimer rien & n'avoir rien tant à cœur que la vertu & l'honnête ; ne se laisser jamais détourner de son devoir, autant qu'on le connoît, ni par le desir de la vie, moins encore de quelque autre chose, ni par la crainte des tourments ou de la mort, ni par celle de l'ignominie, pire que la mort, moins encore par la crainte de quelque malheur que ce soit, &c. (22) ?

---

(22) Ce qu'on vient de lire est extrait mot pour mot des Ouvrages de Séneque, d'Epictete, & de Marc Antonin, dont on trouvera les propres paroles dans la savante Préface de Gataker sur le livre de cet Empereur.

Ce petit nombre de préceptes si sages, & d'une utilité générale & constante, parmi lesquels il n'y en a pas un seul qui ne respire la vertu la plus pure, & qui ne soit conforme à la plus saine morale, suffit pour justifier ce que nous avons dit de celle des Stoïciens, & pour démontrer que l'Auteur dont nous avons parlé ne leur a pas rendu justice, & les a jugés trop légèrement.

Un des plus beaux génies de ce siecle, qui avoit étudié en Philosophe l'esprit des différentes sectes de l'antiquité, & qui en avoit médité profondément les principes, a fait de ceux des Stoïciens en particulier un éloge qu'on ne lit point ſans attendriſsement, & ſans partager le ſentiment de reſpect & d'admiration qui l'a dicté. « Les diverſes ſectes de philoſophie chez les Anciens, dit-il, pouvoient être conſidérées comme des eſpeces de religion. Il n'y en a jamais eu dont les principes fuſsent plus dignes de l'homme, & plus propres à former des gens de bien, que celle des Stoïciens ; &, ſi je pouvois ceſser un moment de penſer que je ſuis Chrétien, je ne pourrois m'empêcher de mettre la deſtruction de la ſecte de Zénon au nombre des malheurs du genre humain.

« Elle n'outroit que les choſes « dans leſquelles il y a de la gran- « deur ; le mépris des plaiſirs & de « la douleur. Elle ſeule ſavoit faire « les citoyens ; elle ſeule faiſoit les « grands hommes ; elle ſeule fai- « ſoit les grands Empereurs.

« Faites pour un moment abſ- « traction des vérités révélées ; cher- « chez dans toute la nature, & vous « n'y trouverez pas de plus grand « object que les Antonin. Julien mê- « me, Julien (un ſuffrage ainſi arra- « ché ne me rendra point complice « de ſon apoſtaſie) ; non, il n'y a « point eu après lui de Prince plus « digne de gouverner les hommes.

« Pendant que les Stoïciens re-
« gardoient comme une chofe vai-
« ne les richefses, les grandeurs hu-
« maines, la douleur, les chagrins,
« les plaifirs, ils n'étoient occupés
« qu'à travailler au bonheur des
« hommes, à exercer les devoirs de
« la fociété : il fembloit qu'ils re-
« gardafsent cet efprit facré qu'ils
« croyoient être en eux-mêmes,
« comme une efpece de Providence
« générale qui veilloit fur le genre
« humain. Nés pour la fociété, ils
« croyoient tous que leur deftin
« étoit de travailler pour elle : d'au-
« tant moins à charge que leurs
« récompenfes étoient toutes dans

« eux-mêmes ; qu'heureux par leur « philoſophie ſeule, il ſembloit que « le ſeul bonheur des autres pût « augmenter le leur (23). »

Cet hommage public rendu à la vertu ſtoïque par Monteſquieu doit raſsurer ceux qui défendent la même cauſe, & les conſoler s'il leur arrive d'être contredits.

Un fait qui excitera la plus forte indignation dans les ames honnêtes, & qu'on auroit peine à croire ſi l'on n'avoit pas vu de tout temps les hommes les plus recommandables par leurs talents & par leurs mœurs

(23) Eſprit des loix, liv. 24, ch. 10.

éprouver le même sort, c'eſt que cette ſecte, dont Monteſquieu vient de préſenter la doctrine sous un point de vue ſi intéreſsant, fut l'objet & la victime des calomnies les plus noires, particulièrement sous le regne des Empereurs. On faiſoit un crime aux Stoïciens du courage avec lequel ils parloient de la dignité & de la liberté de l'homme. On n'épargnoit rien pour rendre leur fidélité ſuſpecte : on les peignoit comme des eſprits inquiets & remuants (24), comme des hommes qui portoient impatiemment

(24) Plautum... veterum Romanorum

le joug des loix & de l'autorité; en un mot, comme des ennemis ſecrets du Prince & de l'Etat; & c'eſt ainſi qu'on prépara la perte de Séneque, de Thraséas, & de pluſieurs autres Stoïciens auſſi vertueux. « Cette « ſecte, diſoit un de ces vils accu- « ſateurs (25), a déja produit les « Tubérons & les Favonius, noms

---

imitamenta præferre: aſſumptâ etiam Stoïcorum arrogantiâ ſectâque, quæ turbidos & negotiorum appetentes faciat. *Tacit. Annal.* lib. 14, cap. 57.

(25) Et habet (Thraſea) ſectatores, vel potiùs ſatellites, qui nondum contumaciam ſententiarum, ſed habitum vultumque ejus ſectantur; rigidi & triſtes, quo tibi laſciviam exprobrent... Spernit religiones, abrogat leges.... Iſta ſecta Tuberones &

« odieux, même à l'ancienne République : pour détruire l'autorité du « Prince, ils vantent la liberté ; s'ils « réussissent, ils attaqueront la liberté même. »

Epictete, qui avoit vu tant de fois les cruels effets de ces calomnies insidieuses, crut devoir faire à cet égard l'apologie des Stoï-

---

Favonios, veteri quoque Reipublicæ ingrata nomina, genuit. Ut imperium evertant, libertatem præferunt : si perverterint, libertatem ipsam aggredientur. *Cossutianus Capito*, *apud* Tacit. Annalium lib. 16, cap. 22.

Les détracteurs des Philosophes modernes disent les mêmes choses que Cossutianus Capito, mais ne les disent pas tout-à-fait si bien.

ciens. Sa défenſe eſt noble, ſimple, préciſe, & telle que leurs ſemblables pourroient la faire encore aujourd'hui. « Les Stoïciens, dit- « il, enſeignent que l'homme eſt « libre : ils enſeignent donc à mé- « priſer l'autorité de l'Empereur. A « Dieu ne plaiſe ! nul Philoſophe « n'enſeigne à des ſujets à ſe révol- « ter contre leur Prince, ni à ſouſ- « traire à ſa puiſſance rien de tout « ce qui lui eſt ſoumis. Tenez, « voilà mon corps, mes biens, ma « réputation, ma famille, je vous « les livre ; & quand vous trouve- « rez que j'enſeigne à quelqu'un à « les retenir malgré vous, faites-

« moi mourir, je suis un rebelle. « Ce n'eſt pas là ce que j'enſeigne « aux hommes ; je ne leur enſeigne « qu'à conſerver la liberté de leurs « opinions, dont Dieu les a faits « ſeuls les maîtres. »

Il nous importe peu de ſavoir ſi cette apologie, qu'on trouve dans les Diſsertations d'Arrien (26), & qu'il avoit recueillie, ainſi que beaucoup d'autres pensées judicieuſes & fortes, de la propre bouche d'Epictete, précéda ou ſuivit (27) le temps

(26) Lib. 1, cap. 29.

(27) Ce dernier ſentiment eſt celui de Saumaiſe, & c'eſt le ſeul probable. *Not. Salmaſ. in* Epictet. pag. 4. *Edit. Lugd. Bat.* 1640.

où les Philoſophes furent chaſsés de Rome & de toute l'Italie. Dans l'un ou l'autre cas, elle prouve que ceux qui, par leurs travaux, ont étendu la ſphere de nos connoiſſances, rétabli l'humanité dans ſes droits ſi ſouvent violés, & détruit ces préjugés funeſtes, ſource intariſsable de diſputes, de désordres & de maux, ont été dans tous les temps l'objet de la haine des Souverains abſolus, ignorants, & ſuperſtitieux. Mais ce même eſprit de persécution qui les anime contre les ſeuls hommes dont ils ne peuvent ni changer ni enchaîner l'opinion, fait autant l'éloge des Philoſophes que la ſatire des Tyrans : en effet, on ne hait pas les Savants & les Gens de lettres ; on ne permet pas à un farceur impudent, tel qu'Ariſtophane, de calomnier ſur le théâtre leurs mœurs & leurs principes ; on n'accorde pas à leurs vils délateurs une protection publique ; enfin on ne chaſse pas de l'Empire ceux qui en sont un des principaux ornements, & dont le jugement doit régler un jour celui de la poſtérité, lorſqu'on n'a rien à redouter de l'influence de leur génie ſur leur ſiecle, & des lumieres qu'ils répandent ſur toutes les matieres où il importe le plus de connoître la vérité. C'eſt ce qui faiſoit dire à

Voltaire, avec cette ironie ingénieuse & fine qui cache si souvent dans ses écrits les réflexions les plus utiles : « On crie contre les Philosophes ; on a raison : car si l'opinion « est la reine du monde, les Philosophes gouvernent cette reine. »

Une autre observation non moins incontestable, parcequ'elle est de même fondée sur une longue & triste expérience, c'est que ce n'est pas seulement sous le regne des mauvais Princes que les Philosophes sont inquiétés, exilés, proscrits ; leur sort n'est ni plus tranquille ni meilleur sous le regne des Princes bons, mais foibles & sans caractere : car il en est de la bonté comme de toutes les vertus ; elle a besoin d'être éclairée ; elle a même ses excès, qui, peut-être, n'ont pas moins d'inconvénients que la méchanceté : & ceci me fait souvenir d'une réflexion très sensée d'Agésilas, qui, entendant louer la bonté d'un Roi de Lacédémone, répondit avec vivacité : « Comment pourroit-il être bon, puisqu'il l'est même pour les méchants ? »

Quoiqu'Epictete n'enseignât rien qui pût alarmer le Despote le plus ombrageux, il n'en fut pas moins compris dans cet inique décret de Domitien, qui ordonnoit à tous les

Philoſophes de ſortir de Rome. Ce fut alors qu'il ſe retira à Nicopolis, ville d'Epire, pour dérober ſa tête à la fureur du Tyran & à celle d'un Sénat corrompu, devenu l'inſtrument de ſes vengeances, & tellement avili par l'eſclavage, qu'il n'avoit plus d'autre paſſion que celle de l'or, d'autre volonté que les caprices des Maîtres ſtupides & féroces auxquels il s'étoit lâchement ſoumis, & d'autre courage que celui de dévorer en ſilence les affronts qu'il en recevoit.

On ne réfléchit point aſsez à la liaiſon néceſsaire que les vices ont entre eux; ils peſent, pour ainſi dire, les uns vers les autres, & s'attirent réciproquement (28) : il en eſt de l'homme à cet égard, comme de l'univers relativement aux différents phénomenes qu'il préſente, parmi leſquels il n'y en a aucun d'iſolé, quoiqu'on n'apperçoive pas toujours le point par lequel ils ſe touchent. Conſultez l'Hiſtoire, & vous verrez l'averſion pour les Arts,

(28) La Fontaine avoit entrevu cette vérité, comme on le voit par ces vers naturels & faciles, tels qu'il les savoit faire :

Les vertus devroient être ſœurs,
Ainſi que les vices sont freres :
Dès que l'un de ceux-ci s'empare de nos cœurs,
Tous viennent à la file, il ne s'en manque gueres.

Liv. 8, fable 25.

les Lettres, les Sciences, & pour ceux qui les cultivent, constamment unie, soit dans les Souverains, soit dans les sujets, à l'ignorance ou aux préjugés souvent plus funestes que l'ignorance, à la petitesse de l'esprit, à la fausseté du jugement, & à la perversité du cœur; tandis que les Princes dont les vertus nous ont rendu le souvenir si cher, sont précisément ceux qui ont le plus accueilli, estimé & protégé les Lettres. Peut-être même l'intérêt que les Chefs de l'État prennent aux progrès de la raison, est-il le signe le moins équivoque d'un bon gouvernement : car cet intérêt, lorsqu'il ſe montre dans les Princes avec cette vivacité, cette conſtance, & cette opiniâtreté qu'il doit avoir pour n'être pas ſtérile, ſuppoſe néceſſairement une infinité de loix, de réglements, de réformes, d'établiſſements ſages, & ſi évidemment utiles, qu'en réuniſſant toutes les volontés particulieres à la volonté générale, ils donnent plus d'unité au Corps politique, & augmentent réellement ſa force abſolue & relative.

Pline le jeune étoit ſi convaincu des bons effets de l'inſtruction, que dans le Panégyrique de Trajan, ouvrage où l'on voit avec plaiſir que l'éloge de ce grand homme résulte bien plus du simple exposé des faits que de l'art de l'Orateur, il le loue de l'attention qu'il donnoit à l'éducation des enfants, & du soin qu'il avoit pris de faire revivre à Rome l'étude des Belles-Lettres. « Ce sont, « lui dit-il (29), les égards & la consi« dération que vous marquez aux « Philosophes & à ceux qui ensei« gnent l'éloquence, qui ont rendu « aux Sciences leur ancienne patrie; « c'est vous qui les avez rappellées

(29) Quem honorem dicendi magistris, quam dignationem sapientiæ doctoribus habes! Ut sub te spiritum & sanguinem & patriam receperunt studia, quæ priorum

« de l'exil où les tenoit la barba-
« rie du siecle précédent, sous un
« Prince qui les regardoit comme
« les ennemies de tous les vices dont
« il se sentoit atteint, & qui les
« proscrivoit moins par haine pour
« elles, que pour se délivrer du res-
« pect qu'elles lui imprimoient :
« mais vous, vous admettez les Sa-
« vants & les Philosophes à votre
« intimité, vous lisez leurs ouvra-
« ges, vous goûtez leur entretien ;
« car ils ne prescrivent point de de-

temporum immanitas exiliis puniebat, cùm sibi vitiorum omnium conscius Princeps inimicas vitiis artes, non odio magis, quàm reverentiâ, relegaret! At tu easdem

« voirs que vous ne remplissiez, & « vous les aimez autant qu'ils vous « honorent. »

C'est dans les mêmes vues, & pour inspirer fortement à ses lecteurs le goût & le respect qu'il avoit lui-même pour les lettres & la Philosophie, que Tacite, voulant donner en peu de mots une idée du caractere atroce de Domitien, termine le tableau du regne sanguinaire de ce Prince par le trait qu'il jugeoit le plus propre à le rendre odieux. « On chassa même

---

artes in complexu, oculis, auribus habes: præstas enim quæcumque præcipiunt, tantùmque eas diligis, quantùm ab illis probaris. *Plin. Panegyric.* cap. 47.

« les Philoſophes, dit-il; toutes les « ſciences honnêtes furent bannies, « afin qu'il ne reſtât aucune trace « de vertu (30). »

EPICTETE, né à Hiérapolis, en Phrygie, ſur la fin du regne de Néron, mourut en exil à Nicopolis dans un âge fort avancé, &, ſuivant l'opinion la plus probable, quelques années avant la mort d'Adrien.

(30) Expulſis inſuper ſapientiæ profeſſoribus, atque omni bonâ arte in exilium actâ, ne quid uſquam honeſtum occurreret. *Tacit.* in vit. Agricol. cap. 2.

APPROBATION.

J'AI lu, par ordre de Monſeigneur le Garde des Sceaux, un ouvrage intitulé, MANUEL D'EPICTETE, devant faire partie de la COLLECTION DE LA MORALE des anciens Auteurs grecs & latins; & je crois qu'on peut en permettre l'impreſſion. A Paris, ce 15 Octobre 1781.

GUYOT.

MANUEL D'ÉPICTETE.

I.

TOUT ce qui eſt dans la nature ou dépend de nous, ou n'en dépend pas. Ce qui dépend de nous, ce sont nos opinions, nos penchants, nos deſirs, nos répugnances, en un mot, toutes nos actions : ce qui n'en dépend pas, ce sont le corps, les biens, la réputation, les dignités, enfin, tout ce qui n'eſt pas notre ouvrage.

II.

LES CHOSES qui dépendent de nous sont libres par leur nature; rien ne peut les forcer ni leur faire obſtacle : celles qui n'en dépendent point sont foibles, eſclaves, incertaines, étrangeres.

III.

SOUVIENS-TOI donc que, ſi tu crois libre ce qui eſt dépendant par ſa nature, ſi tu regardes ce qui n'eſt pas en ton pouvoir comme une choſe qui te ſoit propre, tu trouveras des obſtacles à chaque pas; tu seras affligé, troublé; tu accuſeras les hommes & les dieux : au lieu que, ſi tu prends ſeulement pour tien ce qui eſt réellement à toi, & pour étranger ce qui eſt à autrui, tu n'éprouveras jamais ni contrainte ni obſtacle dans tes actions, tu n'accuſeras ni ne blâmeras perſonne, tu ne feras rien malgré toi, perſonne ne pourra te nuire, tu n'auras point d'ennemi, & il ne t'arrivera rien de fâcheux.

IV.

Si tu aſpires en effet à un but si noble, ſouviens-toi que pour l'atteindre il ne faut pas le deſirer foiblement; mais que tu dois renoncer entièrement à de certaines choſes, t'abſtenir pour un temps de quelques autres, &, ſur-tout, veiller ſur toi-même : car si, avec les véritables biens, tu recherches encore les richeſses & les dignités, tu n'obtiendras pas même ces derniers avantages, parceque tu as deſiré les autres; & tu perdras certainement ceux qui peuvent ſeuls te rendre libre & heureux.

V.

AINSI donc, à la vue de quelque accident fâcheux, dis auſſitôt : Tu n'es qu'une imagination, & nullement ce que tu parois. Sers-toi enſuite, pour en déterminer la meſure, des regles que tu as appriſes, ſur-tout de la premiere : examine si ce malheur eſt du nombre des choſes qui sont ou ne sont pas en notre pouvoir ; car s'il eſt de la nature de celles qui ne dépendent pas de nous, dis alors hardiment qu'il ne te touche point.

VI.

SOUVIENS-TOI que la fin de tout deſir eſt d'obtenir ce qu'on ſouhaite, comme la fin de toute averſion eſt d'éviter ce qui en eſt l'objet ; & que l'homme eſt également malheureux, ſoit que l'événement réaliſe ſes craintes, ſoit qu'il ne réponde point à ſes deſirs. Si donc ton averſion ne tombe que ſur les choſes qui sont en ton pouvoir, tu n'éprouveras jamais les maux que tu crains : mais ſi tu redoutes la maladie, la pauvreté, la mort, tu seras toujours misérable. Tranquille ſur tout ce qui n'eſt pas en ton pouvoir, crains uniquement les choſes qui te sont ſoumiſes : retranche d'abord tous tes deſirs ; car, s'ils ont pour objet ce qui ne dépend pas de toi, tu seras néceſsairement fruſtré dans tes eſpérances. Quant aux choſes mêmes qui dépendent de toi, tu n'es pas encore en état de connoître celles qu'il eſt honnête de deſirer : contente-toi ſeulement de ne rien rechercher, de ne rien fuir, qu'avec modération, avec diſcrétion, avec retenue.

VII.

EXAMINE avec attention la qualité de chacune des choſes qui contribuent à tes plaiſirs, qui ſervent à tes beſoins, ou que tu aimes ; & commence par les plus viles. Si tu aimes un pot de terre, dis-toi que tu aimes un pot de terre ; car, s'il ſe caſſe, tu n'en seras point troublé. Si tu aimes ton fils ou ta femme, ſouviens-toi qu'ils sont mortels ; & ſi la mort te les ravit, tu n'en seras pas ému.

VIII.

AVANT d'agir, penſe à ce que

tu vas faire. Si tu vas au bain, représente-toi ce qui s'y paſse ordinairement : on s'y jette de l'eau, on s'y pouſse, on y dit des injures, on y vole. Tu t'y préſenteras avec plus de sécurité, ſi tu te dis : « Je veux « me baigner ; mais je veux auſſi « conſerver mon indépendance en « ſupportant tout ce que m'impoſe « la Nature ». Obſerve cette maxime dans toutes tes entrepriſes : par ce moyen, ſi quelque obſtacle t'empêche de te baigner, tu te diras auſſitôt : « Je ne voulois pas ſeu« lement me baigner, je voulois en« core conſerver ma liberté & mon « caractere ; & je ne les conſerve« rois point, ſi je ne ſavois pas ſouf« frir patiemment les inſolences qui « ſe commettent ici. »

IX.

Ce ne sont point les choſes qui troublent les hommes, c'eſt l'opinion qu'ils en ont. La mort, par exemple, n'eſt point un mal; ſi c'en étoit un, elle auroit paru tel à Socrate. C'eſt l'opinion qu'on a de la mort, qui la rend ſi affreuſe. Lors donc que nous ſommes traversés ou troublés, n'en accuſons que nous-mêmes, c'eſt-à-dire nos préjugés.

Accuſer les autres de ſes malheurs, c'eſt le fait d'un ignorant: les rejetter ſur soi, c'eſt commencer à s'inſtruire: n'en accuſer ni les autres ni soi-même, c'eſt être ſage.

X.

Ne t'enorgueillis jamais d'aucun avantage étranger. Si un cheval diſoit, en ſe vantant, Je suis beau;

on pourroit le ſupporter : mais toi, lorſque tu te glorifies d'avoir un beau cheval, sache que c'eſt de cela que tu te vantes. Or qu'y a-t-il là qui t'appartienne ? l'uſage ſeul de ton imagination. C'eſt pourquoi, ſi tu sais la régler conformément à la nature, tu pourras alors te glorifier ; car au moins tu t'applaudiras d'un bien qui eſt véritablement à toi.

XI.

COMME, dans un voyage ſur mer, ſi ton vaiſseau arrive à un port, & que tu deſcendes pour faire de l'eau, tu peux ramaſser quelques plantes ou quelques coquillages qui ſe trouvent ſur ta route; mais tu dois toujours penſer à ton vaiſseau, tourner ſouvent la tête de ce côté-là, pour être prêt lorſque le patron t'appellera, &, au moindre ſignal, jetter tout ce que tu as amaſsé, de peur qu'il ne te faſse lier & mettre au fond du vaiſseau, comme les beſtiaux : De même, dans le voyage de la vie, ſi, au lieu d'une coquille ou d'un champignon, on te donne une femme ou un enfant, tu peux les accepter; mais ſi le patron t'appelle, cours promptement, abandonne tout ſans regarder derriere toi. Si tu es vieux, ne t'éloigne pas trop du vaiſseau, de crainte que tu ne puiſses plus le rejoindre quand le patron t'appellera.

XII.

NE demande point que les événements ſe reglent au gré de tes deſirs; mais conforme tes deſirs aux événements : c'eſt le moyen d'être heureux.

XIII.

La maladie eſt un obſtacle pour le corps, mais non pas pour la volonté, à moins qu'elle n'y conſente : tu es boiteux ; voilà un obſtacle pour ton pied, mais ton eſprit n'en eſt pas moins libre. Si tu fais le même raiſonnement ſur tous les accidents de la vie, tu trouveras qu'ils sont toujours un obſtacle pour quelque autre choſe, & non pour toi.

XIV.

A chaque impreſſion que tu reçois des objets extérieurs, rentre en toi-même, & cherche quelle vertu la Nature t'a donnée pour y réſiſter. Si tu vois un beau jeune homme ou une belle fille, tu trouveras en toi la continence pour te défendre de la séduction; contre la peine ou le travail, tu trouveras le courage; contre les injures, la patience. Si tu prends cette habitude, les fantômes de ton imagination n'auront plus aucun empire ſur toi.

XV.

NE dis jamais, ſur quoi que ce ſoit, J'ai perdu cela; mais dis, Je l'ai rendu. Ton fils eſt mort; tu l'as rendu: ta femme eſt morte; tu l'as rendue: ton champ t'a été enlevé; n'eſt-ce pas encore une reſtitution que tu as faite? Mais c'eſt un méchant qui t'en chaſse. Eh! que t'importe par qui celui qui te l'a donné le redemande? Pendant qu'il t'en laiſse jouir, uſes-en comme d'un bien étranger, & comme le voyageur uſe d'une hôtellerie.

XVI.

Si tu veux faire des progrès dans la vertu, laiſse là tous ces raiſonnements; « Si je néglige mes affaires, « je n'aurai pas de quoi vivre; Si « je ne corrige pas mon eſclave, il « deviendra méchant »: car il vaut mieux mourir de faim, exempt de crainte & de chagrin, que de vivre dans l'abondance, avec de continuelles terreurs; il vaut mieux auſſi que ton eſclave ſoit méchant, que toi malheureux. Commence donc à t'exercer ſur les plus petites choſes. On a répandu ton huile, on a volé ton vin; dis-toi: « C'eſt à ce prix « qu'on achete la tranquillité; c'eſt « à ce prix qu'on vend la conſtance:

« on n'a rien pour rien ». Si tu appelles ton esclave, pense qu'il peut ne pas t'entendre; ou, après t'avoir entendu, ne rien faire de ce que tu lui as ordonné. Par cette conduite, ton esclave ne deviendra pas meilleur : mais tu y gagneras infiniment; tu l'empêcheras de porter à son gré le trouble dans ton ame.

XVII.

Si tu veux faire des progrès dans la vertu, aie le courage de passer pour un imbécille & pour un insensé, par le peu de cas que tu fais des biens extérieurs. Ne cherche point à paroître savant : si l'on te regarde comme un personnage, défie-toi de toi-même. Sache qu'il est difficile de conserver une volonté conforme à la droite raison, & de s'occuper en même temps des choſes du dehors : il faut néceſsairement que celui qui s'attache à l'un néglige l'autre.

XVIII.

Si tu deſires que tes enfants, ta femme, tes amis, vivent éternellement, tu es un fou ; car c'eſt vouloir que les choſes qui ne dépendent point de toi en dépendent, & que ce qui eſt à autrui t'appartienne. De même, ſi tu exiges que ton eſclave ne faſse jamais de faute, ce n'eſt pas être moins fou, puiſque c'eſt vouloir que le vice ne ſoit plus vice, mais quelque autre choſe.

Veux-tu que tes deſirs aient toujours leur effet ? ne deſire que ce qui dépend de toi.

XIX.

Notre maître eſt celui qui a

le pouvoir de nous ravir ce que nous voulons, ou de nous forcer de faire ce qui nous répugne. Veux-tu donc être libre ? ne recherche ni ne fuis rien de ce qui dépend des autres : ſinon tu seras néceſsairement eſclave.

XX.

SOUVIENS-TOI de te comporter dans la vie, comme dans un feſtin. On avance un plat vers toi : étends la main, & prends-en modeſtement. L'éloigne-t-on : ne le retiens point. S'il ne vient pas de ton côté, ne fais pas connoître au loin ton deſir ; mais attends patiemment qu'on l'approche. Uſe de la même modération envers ta femme & tes enfants, envers les honneurs & les richeſses ; & tu seras digne alors d'être admis à la table des Dieux. Si pouvant jouir de ces biens, tu les rejettes & les méprises; alors tu ne seras pas seulement convive des Dieux, mais tu partageras avec eux la souveraine puissance. C'est par cette conduite, que Diogene, Héraclite, & leurs semblables, furent justement appellés des hommes divins, & l'étoient en effet.

XXI.

Si tu vois quelqu'un dans la douleur, & pleurant la perte de sa fortune, la mort ou le départ de son fils, prends garde d'être la dupe de ton imagination, & ne va pas croire que cet homme soit malheureux par la privation de ces biens extérieurs : mais rentre aussitôt en toi-même, & fais cette distinction : « Ce n'est « point ce malheur qui afflige cet

« homme, puiſqu'un autre n'en eſt « point ému ; c'eſt l'opinion qu'il « en a ». Fais enſuite tous tes efforts pour le guérir de ſes préjugés par de ſolides raiſons ; & même, s'il le faut, ne refuſe point de pleurer avec lui. Mais prends garde que ta compaſſion ne paſſe au-dedans de ton ame, & que cette douleur ſimulée ne devienne réelle.

XXII.

SOUVIENS-TOI que tu es ici bas comme ſur un théâtre, pour y jouer le rôle qu'il a plu au maître de te donner. Qu'il ſoit long ou court, peu importe. S'il veut que tu faſſes celui de pauvre, tâche de bien repréſenter ce perſonnage. Fais-en de même, ſoit qu'il te confie le rôle d'un boiteux, d'un prince, ou d'un ſimple particulier : car c'eſt à toi de bien jouer le rôle qu'on te donne ; mais c'eſt à un autre à te le choiſir.

XXIII.

Si le croaſſement d'un corbeau préſage quelques malheurs, que ton imagination n'en ſoit point troublée : fais auſſitôt ce raiſonnement, & dis : « Aucun de ces malheurs ne « me regarde, mais plutôt ce corps « vil, ou mon bien, ou ma réputa-« tion, ou mes enfants, ou ma fem-« me : mais pour moi, il n'y a rien « qui ne m'annonce du bonheur, ſi « je le veux ; car, quels que ſoient « les événements, il dépend de moi « d'en tirer un grand avantage. »

XXIV.

Veux-tu être invincible ? ne

t'expoſe jamais à un combat où tu ne sois pas sûr de remporter la victoire.

XXV.

SI tu vois un homme comblé d'honneurs, ou élevé à une grande puiſsance, ou diſtingué par quelque autre avantage, ne te laiſse point éblouir par ces vaines apparences, & ne dis pas qu'il eſt heureux; car ſi le parfait bonheur & le repos de l'eſprit conſiſtent dans les choſes qui dépendent de nous, les biens étrangers ne doivent nous rendre ni envieux ni jaloux : & toi-même tu ne voudras être ni Général d'armée, ni Sénateur, ni Conſul, mais libre. Or il n'y a qu'un moyen de le devenir, c'eſt de mépriſer les choſes qui ne dépendent point de nous.

XXVI.

SOUVIENS-TOI que l'offenſe n'eſt ni dans l'inſulte ni dans les coups que tu reçois, mais dans ton opinion. Lors donc que quelqu'un te met en colere, sache que ce n'eſt pas cet homme-là qui t'irrite, mais l'opinion que tu en as conçue. Tâche donc, ſur-tout, de ne pas te laiſser troubler par les fantômes de ton imagination : car, ſi une fois tu gagnes du temps, ſi tu obtiens quelque délai, tu seras plus facilement maître de toi-même.

XXVII.

QUE la mort, l'exil, & tout ce qui effraie le plus les hommes, ſoient ſans ceſse devant tes yeux; mais ſurtout la mort. Par ce moyen tu n'auras aucune pensée baſse & lâche, &

tu ne desireras rien avec trop d'ardeur.

XXVIII.

Tu veux te livrer à l'étude de la sagesse; attends-toi donc à être sifflé & moqué par la multitude, qui dira : « Cet homme est devenu « philosophe en un moment; d'où « lui vient ce sourcil orgueilleux ? » Pour toi, ne montre ni faste ni fierté; mais attache-toi fortement à ce qui te paroîtra le meilleur, & restes-y comme si c'étoit un poste où Dieu lui-même t'eût placé. Souviens-toi de plus que si tu soutiens ce caractere avec fermeté, ceux qui avoient commencé par se moquer de toi finiront par t'admirer : au lieu que si leurs railleries te font changer de résolution, tu leur donneras un nouveau ſujet de te tourner en ridicule.

XXIX.

S'IL t'arrive jamais de te produire au-dehors & de vouloir plaire à quelqu'un, sache que tu es déchu de ton état. Contente-toi donc d'être philoſophe. Si tu veux encore le paroître; que ce ſoit à tes yeux ſeulement : cela doit te ſuffire.

XXX.

NE va point troubler ton repos par ces vains raiſonnements : « Je vivrai ſans honneurs ; On ne « fera nul cas de moi ». Car ſi la privation des honneurs eſt un mal, il n'eſt pas plus au pouvoir d'un autre de te rendre malheureux, que de te rendre vicieux. Dépend-il de toi de jouir du pouvoir ſuprême, ou d'être invité à un festin ? Nullement. Où est donc en cela le déshonneur, l'ignominie ? Comment ne serois-tu rien dans le monde, toi qui ne dois être quelque chose que dans ce qui dépend de toi, en quoi tu peux même valoir ce que tu voudras ?

« Mais je ne puis être d'aucun « secours à mes amis ». Qu'est-ce à dire ? tu ne leur donneras point d'argent ? tu ne leur feras pas obtenir le droit de Bourgeoisie Romaine ? Mais qui t'a dit que ces biens dépendent de nous & ne nous sont point étrangers ? Peut-on donner aux autres ce qu'on n'a pas soi-même ? Amassez du bien, disent-ils, afin que nous en ayons aussi. Si je peux m'enrichir en conservant l'honneur, la bonne foi, la magnanimité, j'y consens; montrez-moi le chemin, & je n'épargnerai rien pour réussir: mais si vous exigez que je perde mes véritables biens pour vous en acquérir de faux, voyez combien vous êtes injustes & déraisonnables. Qu'aimez-vous mieux, ou de l'argent, ou un ami fidele & honnête? Aidez-moi plutôt à conserver ces vertus, & n'exigez pas de moi des choses qui me les fassent perdre.

« Mais, diras-tu encore, je ne se-« rai d'aucune utilité à ma patrie. » Quels services peux-tu lui rendre? Il est vrai qu'elle n'aura de toi ni portiques, ni bains publics: mais quoi! ce ne sont pas non plus les forgerons qui lui fournissent des souliers, ni les cordonniers qui fabriquent les armes. Il faut que chacun faſse ſon métier. Mais ſi tu donnois à ta patrie un citoyen honnête & vertueux, ne lui rendrois-tu donc aucun ſervice ? Certainement tu ne pourrois lui faire un plus beau préſent : tu ne lui serois donc pas inutile.

« Quel rang aurai-je dans la « ville » ? demandes-tu. Celui que tu pourras obtenir en conſervant des mœurs pures & irréprochables. Mais ſi, pour ſervir ta patrie, tu renonces à ces vertus, de quelle utilité lui seras-tu, quand tu seras devenu impudent & perfide ?

XXXI.

ON t'a préféré quelqu'un dans un feſtin, dans une viſite ou dans un conſeil. Si ces préférences sont de véritables biens, tu dois en féliciter ceux qui les ont obtenues : & ſi ce sont des maux, pourquoi t'affliger d'en avoir été exempt ? Souviens-toi qu'en ne faiſant rien pour mériter ces diſtinctions qui ne dépendent pas de nous, tu n'as aucun droit d'y prétendre. Comment celui qui ne va jamais à la porte des grands, qui ne les accompagne point quand ils ſortent, qui ne les flatte point, en seroit-il auſſi bien traité que celui qui leur fait aſſidument la cour, qui ſe trouve tous les jours ſur leur paſsage, & qui les loue ſans ceſse ? Tu es donc injuſte & inſatiable, de vouloir obtenir ces faveurs, ſans donner le prix qu'elles coûtent.

Combien ſe vendent les laitues au marché ? Une obole, je ſuppoſe.

Si quelqu'un donne cette obole & les emporte, toi qui n'en offres rien, croiras-tu avoir moins que celui à qui on les donne pour ſon argent ? S'il a ſes laitues, tu as auſſi ton obole. Il en eſt de même de tous ces honneurs. Tu n'as point été invité à un feſtin : auſſi n'as-tu pas payé au maître de ce feſtin le prix qu'il le vend ; ce prix, c'eſt une flatterie, une complaiſance, une ſoumiſſion. Si la choſe te convient, donnes-en donc la valeur : car prétendre l'obtenir ſans faire aucun frais, c'eſt être injuſte & inſatiable. D'ailleurs n'as-tu donc rien à la place de ce feſtin ? Tu as certainement quelque choſe qui lui eſt préférable, c'eſt de n'avoir pas flatté celui que tu n'en croyois pas digne, & de n'avoir pas ſouffert à sa porte son orgueil & ses dédains.

XXXII.

Nous pouvons connoître l'intention de la Nature par les sentiments qu'elle inspire à tous les hommes dans ce qui ne les intéresse pas personnellement. Par exemple, lorsque l'esclave de ton voisin a cassé un vase ou quelque autre chose, tu ne manques pas de lui dire pour le consoler, que c'est un accident très commun : sois donc aussi tranquille s'il arrive à ton esclave de faire la même faute.

Appliquons cette maxime à des objets plus sérieux. Si quelqu'un perd sa femme ou son fils, il n'y a personne qui ne lui dise que c'est le sort de l'humanité. Eprouvons-nous le même accident; nous nous désespérons, nous nous écrions aussitôt: « Ah! que je suis malheureux! » Il falloit se souvenir du sang froid que nous avions montré en apprenant qu'un autre avoit eu le même malheur.

XXXIII.

COMME on ne met pas un but pour le manquer : de même la nature du mal n'existe point dans le monde.

XXXIV.

SI quelqu'un livroit ton corps à la discrétion du premier venu, tu en serois sans doute indigné : & tu ne rougis point d'abandonner ton ame, en permettant au premier qui te dit des injures, de la troubler & de l'agiter à son gré!

XXXV.

NE fais rien ſans conſidérer auparavant ce qui doit précéder & ce qui doit ſuivre l'action que tu projettes. Si tu enfreins cette regle, tu commenceras gaiement ton entrepriſe, parceque tu n'en auras pas prévu les ſuites; mais appercevant enfin tout ce qu'elle a de honteux, tu seras rempli de confuſion.

XXXVI.

TU voudrois remporter la victoire aux jeux olympiques : & moi auſſi, en vérité; car rien n'eſt plus glorieux. Mais examine bien auparavant ce qui précede & ce qui suit une pareille entrepriſe; & tente-la après cet examen. Il faut d'abord t'aſsujettir à une regle ſévere; ne manger que par beſoin ; t'abſtenir de toute délicatesse ; faire es exercices malgré toi, & aux heures marquées, l'été comme l'hiver ; ne boire jamais frais, ni même de vin, à moins qu'on ne te l'ordonne ; en un mot, te soumettre sans réserve au maître d'exercices, comme à un médecin. Ensuite il te faudra descendre dans l'arene, & là, peut-être, te rompre le bras, ou te démettre le pied, avaler beaucoup de poussiere, être quelquefois meurtri de coups, &, après tout cela, courir encore le hasard d'être vaincu. Si tu as fait toutes ces réflexions, sois athlete si tu veux. Mais sans cette précaution, tu feras comme les enfants, qui, dans leurs jeux, contrefont tour-à-tour les lutteurs, les joueurs de flûte, les gladiateurs ; qui tantôt ſonnent de la trompette, & un inſtant après repréſentent des tragédies. Il en sera de même de toi : tu seras ſucceſſivement athlete, gladiateur, orateur, philoſophe ; &, dans le fond de l'ame, tu ne seras rien. Tu imiteras, comme un ſinge, tout ce que tu verras faire aux autres, & tous les objets te plairont tour-à-tour, parceque tu n'as rien entrepris d'après un mûr examen, mais témérairement, & entraîné par la légèreté de ton eſprit & de tes deſirs. C'eſt ainſi que certaines gens, voyant un philoſophe, ou entendant dire à d'autres « Qu'Euphrate parle « bien ! qui eſt-ce qui peut raiſonner « avec autant de ſens & de force ! » forment auſſitôt le projet de devenir eux-mêmes philoſophes.

XXXVII.

O HOMME ! considere d'abord ce que tu veux entreprendre ; examine ensuite ta nature, pour voir si le fardeau que tu t'imposes est proportionné à tes forces. Tu veux devenir pentathle ou lutteur : regarde auparavant tes bras & tes cuisses, éprouve la force de tes reins ; car nous ne sommes pas tous nés pour les mêmes choses. Penses-tu qu'en embrassant la profession de philosophe tu pourras manger, boire & vivre aussi délicatement que tu faisois ? il faut veiller, travailler, s'éloigner de ses parents & de ses amis, souffrir les mépris d'un esclave ; il faut s'attendre à toutes sortes d'humiliations, à échouer dans la poursuite des honneurs, des charges, devant les tribunaux, en un mot, dans toutes les affaires. Confidere bien tout cela ; & vois fi tu veux acheter à ce prix la tranquillité de l'ame, la liberté, la conftance. Sinon, prends garde de changer à tout moment comme les enfants, d'être aujourd'hui philofophe, demain partifan, enfuite rhéteur, puis intendant du Prince. Ces chofes ne s'accordent point. Il faut te réfoudre à n'être qu'un feul homme, bon ou méchant. Il faut cultiver ton efprit, perfectionner ta raifon, ou t'occuper uniquement de ton corps. Il faut que tu travailles à acquérir les biens intérieurs ou extérieurs ; c'eft-à-dire qu'il faut que tu foutiennes le caractere d'un philofophe, ou d'un homme ordinaire.

XXXVIII.

TOUS les devoirs ſe meſurent en général par les rapports qui lient les hommes entre eux. C'eſt ton pere ? ton devoir eſt d'en prendre soin, de lui céder en tout, de ſouffrir ſes réprimandes & ſes mauvais traitements. Mais ce pere eſt méchant ! Qu'importe ? La Nature t'avoit-elle lié néceſsairement à un bon pere ? Non : mais à un pere. Ton frere t'a fait une injuſtice ? remplis tes devoirs envers lui, & ne conſidere point ce qu'il a fait, mais ce que tu dois faire, & ce que la Nature exige de toi. En effet, perſonne ne peut t'offenſer ſi tu ne le veux ; & tu ne seras bleſsé véritablement, que lorſque tu croiras l'être. Suis cette regle, aie toujours devant les yeux les rapports mutuels établis entre les hommes ; & tu connoîtras facilement les devoirs d'un voisin, d'un citoyen & d'un Général.

XXXIX.

SACHE que le principal fondement de la religion est d'avoir des idées saines & raisonnables des Dieux ; de croire qu'ils existent, qu'ils gouvernent le monde avec autant de justice que de sagesse ; d'être persuadé que tu dois leur obéir, & te soumettre sans murmurer à tous les événements, comme étant produits par une Intelligence infiniment sage. Avec cette opinion des Dieux, tu ne pourras jamais te plaindre d'eux, ni les accuser de négligence à ton égard.

Mais il n'eſt qu'un moyen d'atteindre ce but; c'eſt de renoncer à toutes les choſes ſur leſquelles tu n'as aucun pouvoir, & de ne placer ton bonheur ou ton malheur que dans ce qui dépend de toi : car ſi tu prends pour un bien ou pour un mal quelques unes de ces choſes étrangeres, il faut néceſsairement que, te voyant fruſtré de ce que tu deſires, ou affligé des maux que tu crains, les auteurs de ton infortune deviennent l'objet de tes plaintes & de ton averſion.

En effet la Nature inſpire à tous les animaux de l'éloignement & de la haine pour ce qui leur paroît nuiſible, & en général pour toutes les cauſes malfaiſantes : le même inſtinct les porte, au contraire, à rechercher ce qui leur eſt utile, & à aimer les cauſes de leurs ſenſations agréables. Il eſt donc impoſſible à celui qui croit avoir reçu quelque dommage d'en voir l'auteur avec plaiſir; car on ne peut ſe réjouir du mal même qu'on éprouve : tel eſt le motif des reproches qu'un fils fait à ſon pere, quand celui-ci lui refuſe ce qui paſſe pour des biens : de là auſſi la guerre cruelle d'Etéocle & de Polynice, qui s'égorgerent pour avoir regardé l'un & l'autre le trône comme un grand bien : de là enfin tant de murmures contre la Providence de la part du laboureur, du pilote, du marchand, de l'époux qui vient de perdre ſa femme ou ſes enfants; car la piété envers les Dieux ſe meſure ſur le bien qu'ils ſont : ainſi tout homme qui a ſoin de régler ſes deſirs & ſes averſions ſelon les maximes preſcrites, travaille en même temps à ſe rendre pieux.

Quant aux libations, aux ſacrifices, aux prémices que l'on a coutume d'offrir aux Dieux, chacun doit ſuivre en ce point la coutume de ſon pays, & les préſenter avec pureté, ſans hypocriſie, ſans négligence, ſans avarice, mais auſſi ſans une ſomptuoſité qui excede ſes moyens.

XL.

LORSQUE tu vas conſulter l'Oracle, tu ignores ce qui doit arriver, & tu vas pour l'apprendre. Mais ſi tu étois Philoſophe, tu ſaurois, ſans le ſecours du Devin, quel sera l'événement : ſi c'eſt une des choſes qui ne sont pas en ton pouvoir, ce ne peut être ni un bien ni un mal pour toi. N'apporte donc auprès du Devin ni deſir ni répugnance ; car alors tu ne l'aborderois qu'en tremblant : sois perſuadé au contraire que tout ce qui peut arriver eſt indifférent, qu'il ne te regarde point, & que, de quelque nature que ſoit l'événement, il dépendra de toi d'en faire un bon uſage, ſans qu'on puiſse t'en empêcher. Préſente-toi donc avec confiance devant les Dieux, comme ſi tu venois leur demander des conſeils. Quand ils auront prononcé leurs oracles, ſonge à la dignité de ceux que tu viens de prendre pour guides, & de qui tu mépriſeras l'autorité ſi tu déſobéis.

Cependant ne va consulter le Devin que selon l'avis de Socrate, c'est-à-dire sur les choses qui ne donnent point de prise aux conjectures, & qu'on ne peut prévoir, ni par la raison, ni par les regles d'aucun autre art. S'il est question, par exemple, de t'exposer au danger pour la défense de ton ami ou de ta patrie, il est inutile d'interroger l'Oracle sur le parti que tu dois prendre dans cette circonstance; car si le Devin te déclaroit qu'il lit dans les entrailles des victimes quelque chose de funeste, il est certain que ce signe t'annonceroit, ou la mort, ou la perte de quelque membre, ou l'exil: mais la droite raison, d'accord avec les Dieux, ne t'en prescriroit pas moins de sacrifier tes jours pour sauver ta patrie ou ton ami. Crois-en alors un Devin plus éclairé ; c'eſt Apollon Pythien, qui chaſsa de ſon temple celui qui avoit vu égorger ſon ami ſans le ſecourir.

XLI.

PRESCRIS-TOI déſormais une certaine regle, un certain caractere conſtant, qui te ſerve de loi, & dont tu ne t'écartes jamais, ſoit au milieu de la ſociété, ſoit quand tu seras ſeul avec toi-même.

XLII.

GARDE le ſilence le plus ſouvent ; ne dis que les choſes néceſsaires, & toujours en peu de mots. Nous parlerons rarement, ſi nous ne parlons que lorſque le temps & les circonſtances l'exigent. Ne nous entretenons jamais de choſes frivoles ;

ne parlons ni des combats de gladiateurs, ni des jeux du cirque, ni des athletes, ni de la qualité des mets & des vins, ſujet ordinaire des converſations. Mais gardons-nous, ſur-tout, de parler des hommes, ſoit pour les blâmer, ſoit pour les louer, ou pour les comparer entre eux.

XLIII.

SI tu le peux, fais tomber, par tes diſcours, la converſation de tes amis ſur des queſtions utiles & convenables : ſi tu es avec des étrangers, garde le ſilence.

XLIV.

NE ris ni long-temps, ni ſouvent, ni avec excès.

XLV.

REFUSE, s'il ſe peut, de jurer pour quelque choſe que ce ſoit ; ou du moins ne jure que très rarement.

XLVI.

ÉVITE de manger dehors; & fuis ſur-tout les feſtins publics. Si tu ne peux abſolument t'en diſpenſer, redouble alors d'attention ſur toi-même, de peur de prendre inſenſiblement les manieres du peuple. Car ſi l'un des conviés eſt impur, celui qui eſt aſſis auprès de lui le devient nécesſairement, quelque pur qu'il puiſse être.

XLVII.

N'USE des choſes nécesſaires au corps, telles que le boire, le manger, les habits, les maiſons, les domeſtiques, qu'autant que l'exige le ſimple beſoin ; & mets des bornes à tout ce qui ne ſert qu'à l'oſtentation ou à la molleſse.

XLVIII.

ABSTIENS-TOI, autant qu'il eſt poſſible, des plaiſirs de l'amour avant le mariage : ſi tu les goûtes, que ce ſoit ſuivant la loi. Mais ne juge pas avec ſévérité ceux qui ont ſur ce point des principes moins auſteres ; ne les reprends point avec aigreur, & ne vante point à tout moment ta continence.

XLIX.

SI l'on te rapporte que quelqu'un a mal parlé de toi, ne t'amuſe point à te juſtifier ; réponds ſeulement : « Il n'a pas connu mes autres dé« fauts, car il auroit dit encore plus « de mal de moi. »

L.

IL n'eſt pas néceſſaire d'aller ſouvent aux théâtres ; mais quand l'occasion d'y paroître se présente, ne favorise aucun des partis, & ne cherche à plaire qu'à toi seul; c'est-à-dire, ne desire de voir arriver que ce qui arrive, & sois satisfait que la victoire demeure à celui qui a vaincu : par ce moyen tu attendras l'événement avec tranquillité.

Évite, sur-tout, de prendre part aux acclamations, aux éclats de rire, & à tous les grands mouvements des spectateurs; & à ton retour ne fais pas de longs récits de ce qui s'est passé au théâtre : car rien de tout cela ne peut contribuer à te rendre meilleur; & l'on en concluroit que le spectacle a seul attiré ton admiration.

LI.

NE va point aux lectures publique des Poëtes & des Orateurs, & ne t'y laiſse pas entraîner légèrement. Si tu y aſſiſtes, conſerve la décence & la gravité, mais ſans bleſser, par aucune marque d'ennui, celui qui t'a invité.

LII.

QUAND tu auras quelque affaire à traiter, ſur-tout avec quelqu'un des premiers de la ville, repréſente-toi ce qu'auroit fait à ta place Socrate ou Zénon. En ſuivant de pareils modeles, tu ne feras rien que de raiſonnable; & ton imagination n'aura point à craindre de s'égarer.

LIII.

SI tu vas faire ta cour à quelque homme puiſsant, imagine-toi que tu ne le trouveras pas chez lui, qu'il ſe fera celer, que ſa porte te sera fermée, ou qu'il ne te recevra qu'avec un dédain inſultant. Après toutes ces réflexions, ſi ton devoir t'y appelle, ſouffre ces humiliations, & ne dis pas que l'objet n'en valoit pas la peine; car c'eſt le langage du peuple & de ceux ſur qui les choſes extérieures ont trop de pouvoir.

LIV.

DANS les entretiens que tu auras avec tes amis, garde-toi de parler ſans ceſſe de tes exploits ou des dangers que tu as courus; car ſi tu prends plaiſir à les raconter, les autres n'en trouvent point à les entendre.

LV.

ÉVITE encore de faire le plaiſant & le bouffon; car le pas eſt gliſſant, & tu courrois riſque de prendre insensiblement les mœurs du peuple, & de perdre l'estime de tes amis.

LVI.

Il est également dangereux de tenir des discours obscenes. Si tu assistes à quelques unes de ces conversations, & que l'occasion soit favorable, reprends avec vigueur celui qui se permet ces propos indécents; ou du moins fais-lui connoître ton mécontentement par ton silence, par la rougeur de ton front, & par la sévérité de ton visage.

LVII.

Si quelque idée voluptueuse vient s'offrir à ton imagination, retiens-toi comme sur tous les autres objets, de peur que cette idée ne t'entraîne. Ne cede pas d'abord à l'impulſion du deſir, & prends quelque délai. Compare enſuite les deux inſtants, celui de la jouiſſance, & celui du repentir & des remords qui la ſuivront : n'oublie pas, ſurtout, la ſatisfaction intérieure qui t'attend, & les louanges que tu te donneras à toi-même, ſi tu réſiſtes.

Quand tu auras fixé pour toi le moment où tu peux jouir, prends garde de te laiſser vaincre par le charme & les délices de la volupté : oppoſe-leur le plaiſir plus grand encore de remporter cette victoire ſur toi-même, & de pouvoir te rendre ce témoignage.

LVIII.

NE crains point d'être apperçu en faiſant une action que tu as jugée convenable, quoiqu'il puiſſe arriver que le peuple lui donne une interprétation maligne : car ſi cette action eſt mauvaiſe, ne la fais point; & ſi elle eſt bonne, que t'importe le blâme de ceux qui te condamneront injuſtement ?

LIX.

CES propoſitions, Il eſt jour, Il eſt nuit, sont très vraies ſi on les énonce séparément ; mais elles sont fauſses ſi on les joint enſemble : De même, dans un feſtin, celui qui s'empare excluſivement de tout ce qu'on ſert de meilleur, fait une choſe très utile pour ſon corps, mais très malhonnête ſi l'on conſidere la communauté & l'égalité qui doivent ſubſiſter entre des convives. Lors donc que tu seras à la table de quelqu'un, ſouviens-toi, non ſeulement de ne pas t'occuper de la qualité des mets qu'on ſervira & qui exciteront ton appétit, mais encore de ne pas t'écarter du reſpect que tu dois au maître du feſtin.

LX.

SI tu prends un rôle qui ſoit au-deſſus de tes forces, tu le joues mal, & tu abandonnes celui que tu pouvois remplir avec diſtinction.

LXI.

COMME, en te promenant, tu évites avec soin de marcher ſur un clou, ou de te donner une entorſe : prends garde de même, dans l'uſage de la vie, de bleſser cette partie ſupérieure de ton ame qui doit être la regle de ta conduite. Si tu obſerves ce précepte dans toutes tes actions, le ſuccès en sera plus sûr.

LXII.

Les beſoins du corps doivent être pour chacun la meſure des richeſſes, comme le pied eſt celle du ſoulier. En te renfermant dans ces bornes, tu tiendras toujours un juſte milieu : ſi tu les paſſes, tu ſeras entraîné dans le déſordre comme dans un précipice. Il en ſera de même des ſouliers s'ils excedent la meſure de ton pied : tu voudras d'abord des ſouliers dorés, enſuite de pourpre, & enfin brodés ; car il n'y a plus de limite pour celui qui a une fois paſſé celle du beſoin.

LXIII.

Les filles ont à peine atteint l'âge de quatorze ans, que les hommes les appellent leurs maîtreſſes : elles jugent de là qu'elles ſont uniquement destinées à leurs plaisirs ; dès-lors elles commencent à se parer, & mettent toutes leurs espérances dans leurs ornements. Mais il faut leur faire comprendre qu'elles ne peuvent plaire & se faire respecter que par leur sagesse, leur pudeur & leur modestie.

LXIV.

Un signe certain de stupidité, c'est de s'occuper beaucoup de son corps, de s'exercer long-temps, de boire long-temps, de manger long-temps, de donner beaucoup de temps au plaisir des femmes & aux autres nécessités purement corporelles. Toutes ces fonctions ne doivent se faire qu'en passant : c'est à cultiver notre esprit, que nous devons donner tous nos soins.

LXV.

SI quelqu'un te fait du tort, ou dit du mal de toi, ſouviens-toi qu'il croit y être obligé : il n'eſt donc pas poſſible qu'il renonce à ſon propre ſentiment pour ſuivre le tien. S'il juge mal, c'eſt à lui ſeul qu'il fait tort, comme il eſt le ſeul qui ſe trompe : car ſi quelqu'un accuſe de fauſseté un bon ſyllogiſme, ce n'eſt pas le ſyllogiſme qui en ſouffre, mais celui qui fait un faux raiſonnement. Si tu sais appliquer cette regle, tu ſupporteras patiemment tous ceux qui parleront mal de toi ; car, à chaque injure que tu en recevras, tu te diras : « Cet homme croit « avoir raiſon. »

LXVI.

CHAQUE choſe a deux anſes ;

l'une, qui la rend très facile à porter; & l'autre, très difficile. Si ton frere te fait une injuſtice, ne va pas conſidérer ſeulement l'injuſtice ; car c'eſt là le côté déſavantageux : mais ſonge plutôt que c'eſt ton frere, & que vous avez été élevés enſemble. Si tu enviſages ſon procédé sous ce point de vue, tu le trouveras ſupportable.

LXVII.

C'EST mal raiſonner que de dire: Je suis plus riche que vous, donc je suis meilleur; Je suis plus éloquent, donc je suis plus vertueux. Mais cette conséquence eſt bien tirée : Je suis plus riche que vous, donc mes richeſses ſurpaſsent les vôtres; Je suis plus éloquent, donc mes diſcours valent mieux que les vôtres.

Mais toi, tu n'es ni diſcours ni richeſses.

LXVIII.

QUELQU'UN prend le bain de bonne heure ; ne dis pas qu'il fait mal de ſe baigner, mais qu'il ſe baigne de bonne heure : un autre boit beaucoup de vin ; ne dis pas qu'il fait mal de boire, mais qu'il boit beaucoup. Car avant de connoître les motifs qui les font agir, comment peux-tu ſavoir s'ils font mal ? En jugeant ainſi, tu cours toujours riſque de voir une choſe & de prononcer ſur une autre.

LXIX.

NE dis jamais que tu es philoſophe, & ne débite point de belles maximes devant des ignorants ; mais fais tout ce que ces maximes preſcrivent. Dans un feſtin, par exemple, ne dis point comment il faut manger, mais mange comme il faut. Souviens-toi combien Socrate étoit éloigné de toute eſpece d'oſtentation. Les jeunes gens alloient le prier de les recommander à d'autres Philoſophes ; & il les y conduiſoit, ſans ſe plaindre du peu de cas qu'on faiſoit de lui.

LXX.

Si l'on agite devant des ignorants quelque queſtion de philoſophie, garde un profond ſilence ; car il y a bien du danger à rejetter auſſitôt ce que l'on n'a pas digéré. Lorſque quelqu'un dira que tu ne sais rien : ſi tu écoutes ce reproche ſans t'émouvoir, sache que dès-lors tu commences à faire des progrès dans l'étude de la ſageſse : car les brebis ne vont pas montrer à leur berger combien elles ont mangé d'herbe ; mais après ſe l'être appropriée par une bonne digeſtion, elles portent de la laine & du lait. De même ne va pas faire une vaine oſtentation de ſavoir devant des ignorants ; mais prouve par tes actions le bon uſage que tu as fait des préceptes de la philoſophie.

LXXI.

Si tu as bien réglé tes deſirs & tes appétits, n'en tire point vanité : ſi tu ne bois que de l'eau, ne dis point à tout propos que tu ne bois que de l'eau. Vois combien les pauvres l'emportent ſur toi par leur frugalité & par la dureté avec laquelle ils traitent leur corps ! Si tu veux t'exercer au travail & à la patience pour toi, & non pour les autres, n'embraſse point les ſtatues; mais ſi tu es tourmenté par une ſoif ardente, prends de l'eau fraîche dans ta bouche, rejette-la auſſitôt ſans l'avaler, & ne le dis à perſonne.

LXXII.

ÉTAT & caractere de l'Ignorant: Il n'attend jamais de lui-même ſon bien ou ſon mal, mais des choſes qui sont hors de lui. État & caractere du Philoſophe: Il n'attend que de lui-même tout ſon bien & tout ſon mal.

LXXIII.

SIGNES par leſquels on connoît qu'un homme fait des progrès dans l'étude de la ſageſse: Il ne blâme ni ne loue perſonne; il ne ſe plaint de perſonne ; il n'accuſe perſonne : il ne parle point de lui comme s'il étoit un homme important, ou qu'il sût quelque choſe : S'il rencontre quelque obſtacle qui retarde ou empêche l'exécution de ſes projets, il ne s'en prend qu'à lui-même : Si quelqu'un le loue, il ſe moque en ſecret de cet adulateur : Si on le reprend, il ne ſe juſtifie pas ; mais, comme les convaleſcents, il ſe tâte & s'obſerve, de peur d'interrompre ce commencement de guériſon avant que ſa ſanté ſoit entièrement rétablie : Il eſt le maître abſolu de ſes deſirs ; il n'a d'averſion que pour ce qui eſt contraire à la nature des choſes qui dépendent de nous : Il ne ſouhaite rien avec trop d'empreſſement : Si on le traite d'imbécille &

d'ignorant, il ne s'en met pas en peine : enfin il ſe défie de lui-même, comme d'un ennemi & d'un homme qui lui tend ſans ceſse des pieges.

LXXIV.

Si quelqu'un ſe vante d'entendre & d'expliquer les ouvrages de Chryſippe, dis en toi-même : Si Chryſippe eût écrit avec moins d'obſcurité, cet homme n'auroit donc rien dont il pût ſe glorifier. Mais moi, quel eſt mon but ? de connoître la Nature, & de la ſuivre. Je demande donc quel eſt ſon meilleur interprete. On me dit que c'eſt Chryſippe. Je l'achete. Mais je ne l'entends point. Je cherche alors quelqu'un qui me l'explique. Juſqu'ici il n'y a pas un grand mérite à tout cela. Quand j'ai trouvé cet interprete, il me reste à mettre en pratique les préceptes du Philosophe ; c'est la seule chose dont on puisse me louer. Car si je me contente d'admirer l'explication des livres de Chrysippe, je ne suis qu'un simple Grammairien, & non un Philosophe ; avec cette seule différence, que j'explique Chrysippe au lieu d'Homere. Lors donc que quelqu'un me propose de lui expliquer Chrysippe, je suis bien plus honteux de ne pas montrer des actions conformes à ses préceptes, que de ne pas entendre ses écrits.

LXXV.

DEMEURE fidele à ces maximes, & observe-les comme des loix que tu ne peux violer sans impiété. Ne te mets point en peine de tout ce qu'on dira ſur ton compte; car cela ne dépend pas de toi.

LXXVI.

JUSQUES-A-QUAND différeras-tu de mettre en pratique ces grandes leçons, & d'obéir en tout à la voix de la raiſon ? Tu viens d'entendre les maximes qui doivent régler ta vie, tu leur as donné ton conſentement ; quel nouveau maître attends-tu donc encore pour commencer à réformer tes mœurs ? Tu n'es plus un enfant, mais un homme fait. Si tu perſiſtes dans l'indolence & l'inaction, ſi tu renvoies d'un jour à l'autre le ſoin de te corriger, ſi tu ajoutes délais ſur délais, réſolutions ſur réſolutions, tu vivras & mourras comme un ignorant, ſans t'appercevoir que tu n'as fait aucun progrès dans l'étude de la ſageſse.

Commence donc dès aujourd'hui à vivre en homme qui tend à la perfection, & qui a déjà fait quelques pas dans la carriere. Que tout ce qui te paroîtra très beau & très bon ſoit pour toi une loi inviolable. Si la douleur ou la volupté, la gloire ou l'infamie, s'offrent à toi, ſouviens-toi que c'eſt alors le moment du combat, que la barriere s'ouvre, que les jeux olympiques t'appellent, qu'il n'eſt plus temps de reculer, enfin que ton avancement, ou ta ruine, dépend du gain ou de la perte de la victoire. C'eſt ainſi que Socrate eſt parvenu à ce haut degré de ſageſse où on l'a vu, en avançant toujours vers ce but, ſans perdre un ſeul pas, & en n'écoutant jamais que la droite raiſon. Pour toi, quoique tu ne sois pas encore Socrate, tu dois pourtant vivre comme l'ayant choiſi pour modele.

LXXVII.

La premiere & la plus néceſsaire partie de la philoſophie eſt celle qui traite de la pratique des préceptes ; par exemple, de l'obligation de ne point mentir. La seconde a pour objet les démonſtrations, c'eſt-à-dire les raiſons pour leſquelles il ne faut point mentir. La troiſieme donne la preuve de ces démonſtrations, & en détermine la nature : comme, par exemple, ce qui en fait la force & la certitude ; ce que c'eſt que démonſtration, conséquence, opposition, vérité, faussété. Cette troisieme partie est nécessaire pour la seconde, & la seconde pour la premiere : mais la premiere est la plus nécessaire de toutes, & celle où l'on doit s'arrêter davantage. Nous renversons cet ordre, nous nous arrêtons particulièrement à la troisieme; elle consume seule notre temps & nos soins, & nous négligeons entièrement la premiere: nous mentons sans scrupule; mais nous sommes toujours prêts à prouver, par de solides raisons, qu'il ne faut point mentir.

LXXVIII.

En toute occasion, aie toujours présente à la mémoire cette priere : « Grand Jupiter, & vous, puissante « Destinée, conduisez-moi par-tout

« où vous avez arrêté dans vos dé-
« crets que je dois aller; je suis prêt
« à vous ſuivre conſtamment : en
« effet, quand je m'obſtinerois à
« vous réſiſter, il faudroit toujours
« vous ſuivre malgré moi. »

Souviens-toi de plus que « Celui
« qui cede à la Néceſſité eſt véri-
« tablement ſage, & habile dans
« la connoiſſance des ſecrets des
« Dieux. »

Enfin dis avec Socrate : « Cher
« Criton, ſi les Dieux l'ont ainſi
« réſolu, que leur volonté s'accom-
« pliſſe : Anytus & Mélitus peuvent
« bien me faire mourir ; mais ils ne
« ſauroient me nuire. »

FIN.

Cette COLLECTION des Moraliſtes a été imprimée par Fr. Amb. DIDOT L'AÎNÉ, ſur du papier de FRANCE, de la fabrique de MM. Matthieu JOHANNOT d'Annonai ; avec des caractères gravés sous FRANÇOIS I par Claude GARAMOND, & fondus par M. FOURNIER L'AÎNÉ.

www.ingramcontent.com/pod-product-compliance
Lightning Source LLC
LaVergne TN
LVHW012007220826
846092LV00001B/272